지은이 이광희

대학에서 영문학, 대학원에서 신문방송학을 공부했습니다. 어린이 잡지 《생각쟁이》에서 기자로 활동했으며, 지금은 어린이책을 쓰고 있습니다. 지은 책으로는 《한국사를 뒤흔든 20가지 전쟁》《세계사를 뒤흔든 20가지 전쟁》《박은봉 이광희 선생님의 한국사 상식 바로잡기》《특종! 20세기 한국사》《특종! 달려라 한국사》《순간포착! 한국사 명장면》《전쟁으로 보는 한국사》 등이 있습니다.

그린이 강은경

대학에서 일러스트레이션을 공부했습니다. 한국통신 디자인공모 동상, 한국출판미술대전 순수부문 장려상, 한국출판미술대전 동화부문 동상을 수상했습니다. 그린 책으로는 《봄, 여름, 가을, 겨울을 그림으로 만나는 계절도감》《소학에 미친 고집쟁이 김굉필》《우리 땅 캠핑 여행》《국수 한 사리 소금 두 자밤, 추가요!》《수학 사령관, 전쟁에서 이겨라!》《수학으로 범죄 사건을 해결하라!》《초등학생이 가장 궁금해하는 찬란한 겨레과학이야기 30》《초등학생이 가장 궁금해하는 소중한 우리꽃 이야기 30》 등이 있습니다.

이순신과 함께 펼쳐 보는
임진왜란 3대 대첩

초판 1쇄 발행 2015년 10월 23일
개정판 1쇄 발행 2020년 3월 2일
개정판 4쇄 발행 2025년 4월 7일

지은이 이광희 **그린이** 강은경

펴낸곳 도서출판 그린북 **펴낸이** 윤상열
기획편집 서영옥 최은영 **표지디자인** 맥코웰 **본문디자인** 최미순 **마케팅** 윤선미 **경영관리** 김미홍
출판등록 1995년 1월 4일(제10-1086호) **주소** 서울 마포구 방울내로11길 23 두영빌딩 3층
전화 02-323-8030~1 **팩스** 02-323-8797 **블로그** blog.naver.com/gbook01 **이메일** gbook01@naver.com

ⓒ 이광희 2015

이 책의 저작권은 저자와 출판사에게 있습니다.
서면에 의한 저자와 출판사의 허락 없이 내용의 일부를 인용하거나 발췌하는 것을 금합니다.

ISBN 978-89-5588-939-0 74910
ISBN 978-89-5588-938-3 (세트)

* 잘못된 책은 구입하신 곳에서 바꾸어 드립니다.
* 이 도서의 국립중앙도서관 출판예정도서목록(CIP)은 서지정보유통지원시스템 홈페이지(http://seoji.nl.go.kr)와
  국가자료공동목록 구축시스템(http://kolis-net.nl.go.kr)에서 이용하실 수 있습니다.(CIP제어번호 : CIP2020004853)

어린이제품안전특별법에 의한 표시
품명 어린이 도서 **제조국** 대한민국 **사용연령** 8세 이상 **주의사항** 책 모서리에 다치지 않도록 주의하세요.

한장한장 우리역사

이순신과 함께 펼쳐 보는

임진왜란 3대 대첩

이광희 글 강은경 그림

그린북

차 례

이순신 장군님, 안녕하세요! 8
한반도와 일본에 전운이 감돌다 10
7년 전쟁, 임진왜란이 시작되다 12

한산 대첩

한산 대첩 1
조선 수군, 반격을 시작하다 14

한산 대첩 2
한산도 앞바다로 적들을 유인하라! 16

한산 대첩 3
학의 날개를 펼쳐 일본 함대를 격파하다 19

한산 대첩 4
일본군의 수륙병진작전을 좌절시키다 20

조선 수군의 힘, 거북선 22

명량 대첩

명량 대첩 1
다시 전쟁이 시작되고 모함을 받다 24

명량 대첩 2
아직 12척의 배가 남아 있다! 26

명량 대첩 3
13척의 배로 133척에 맞서다 28

명량 대첩 4
기적 같은 승리를 이끌어 내다 30

명량 대첩 5
명량 해전 패배로 도망가는 일본군! 32

조선 수군과 일본 수군은 어떤
무기로 싸웠을까?　　　　　34

 **노량 대첩 1**
일본군의 탈출을 막아라!　　　　36

노량 대첩 2
노량으로 총출격하라!　　　　38

노량 대첩 3
임진왜란의 최대 격전이 벌어지다　　40

노량 대첩 4
노량 해전 승리, 7년 전쟁의 마침표를 찍다　42

7년 동안의 전쟁과 그 후　　　　44
이순신 장군을 만나러 가자!　　　46

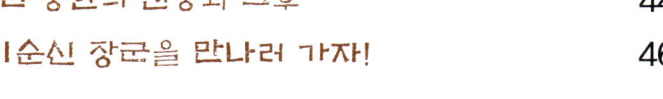

이순신 장군님, 안녕하세요!

서울 세종로 광화문 광장에는 두 개의 동상이 세워져 있어. 광장 가운데 앉아 있는 것은 세종 대왕이고, 그 앞 네거리에 우뚝 서 있는 것은 이순신 장군이야. 세종 대왕 동상은 백성을 사랑하는 임금의 모습 그대로 온화하고 인자해 보이지. 반면 17미터 높이에 달하는 이순신 장군의 동상은 부릅뜬 눈매며 칼을 쥐고 있는 모습이 무척 비장하고 결연해 보여.

태평성대를 누리던 세종 때로부터 200년이 채 지나지 않은 1592년, 조선은 개국 이래 최대의 위기를 맞았어. 임진왜란이 일어났기 때문이야.

일본군의 침입을 받은 조선은 바람 앞에 놓인 등불처럼 위태로웠어. 하지만 이순신 장군은 조선 수군을 이끌고 나선 스물세 번의 전투에서 모두 승리하며 위기에 빠진 조선을 구해 냈지.

고개를 들어 이순신 장군의 얼굴을 한번 올려다보렴. 굳게 다문 입술을 열고 무슨 말을 할 것 같지 않니?

"장군님, 하실 말씀이 있나요?"

순간 광화문 네거리를 쌩쌩 달리는 자동차 소음이 파도 소리로 변하고, 그 파도 소리 사이로 장군의 목소리가 들려와.

장군은 우리에게 무슨 이야기를 들려주고 싶은 걸까?

함께 이야기를 들어 보자!

광화문 네거리에 우뚝 서 있는 이순신 장군 동상

이순신 장군 동상은 1968년 4월 27일에 건립됐어. 높이는 동상이 6.5미터, 기단 10.5미터로, 총 17미터야. 갑옷과 투구를 갖추고 긴 칼을 꽉 쥐고 있는 장군의 동상과 거북선, 그리고 해전 그림이 새겨진 화강암 받침대로 이루어져 있어. 이순신 장군의 시선은 약간 아래를 향하고 있어. 그 이유는 경복궁으로 이어지는 앞길을 지켜본다는 의미로, 아래를 지나는 사람들과 눈을 마주 보기 위해서래.

이순신은 누구일까요?

이순신은 1545년 지금의 서울 중구 인현동인 한성부 건천동에서 태어났어. 이순신 집안은 대대로 벼슬을 하던 양반이었는데, 할아버지가 역모 사건에 연루돼 아버지는 벼슬에 나가지 못했지. 하지만 이순신은 28세에 무과 시험에 도전했어. 무과 시험을 보던 중 말에서 떨어졌지만 다친 다리를 버드나무 껍질로 동여매고 끝까지 시험을 치른 일화는 아주 유명해.
4년 뒤 병과에 합격한 이순신은 지방 군관으로 관직 생활을 시작했어. 임진왜란 1년 전인 1591년에는 유성룡의 추천으로 전라좌도 수군절도사가 되었어.
임진왜란이 일어나자 한산 해전에서 왜적을 크게 무찔렀고, 정유재란 때는 명량 해전에서 열세 척의 배로 백여 척이 넘는 일본 함선을 물리쳐 전쟁의 기세를 역전시켰지. 그리고 1598년. 철수하려는 일본군을 노량 앞바다에서 물리치다가 일본이 쏜 탄환에 맞아 전사했어. 죽은 뒤에는 임진왜란의 공을 인정받아 나라에 무공을 세운 사람들에게 주는 충무라는 시호를 얻었단다.

> 지금부터 임진왜란 3대 대첩을 함께 살펴보자꾸나!

한반도와 일본에 전운이 감돌다

지금부터 나는 1592년 4월부터 1598년 11월까지, 장장 7년 동안 조선의 땅과 바다에서 일본군의 침략에 맞서 싸운 임진왜란에 대한 이야기를 들려주려고 해.

조선은 1392년 개국 이래 200년 동안 평화를 누렸어. 그래서일까? 점점 외적의 침입에 대한 대비를 소홀히 했지. 임진왜란이 일어나기 1년 전, 일본에 다녀온 조선통신사가 곧 전쟁이 일어날 것 같다는 경종을 울렸는데도 말이야.

우리가 오랜 평화에 취해 있을 때 일본은 정반대의 상황이었어. 100년 동안 내전이 끊이질 않았지. 임진왜란이 일어나기 몇 해 전, 도요토미 히데요시가 혼란스러운 전국 시대를 마감하고 일본을 통일했어.

그때 이미 일본의 조선 침략은 예견된 일이었는지 몰라. 도요토미 히데요시는 일본 열도를 통일한 여세를 몰아 조선과 명나라를 정복하고자 하는 욕망을 품고 있었지. 임진왜란 1년 전 도요토미 히데요시가 조선 조정에 보내온 국서에는 "명나라를 정벌하고자 하니 조선의 길을 빌려 달라."는 내용이 포함되어 있었어. 이 내용은 다소 허황돼 보이지만 무시할 수 없는 선전 포고였던 셈이지.

하지만 조선 조정은 도요토미 히데요시의 경고를 무시하며 전쟁에 대한 준비를 전혀 하지 않았단다. 오히려 백성들의 불안을 조장한다며 전쟁을 대비해 쌓고 있던 성마저 무너뜨렸지. 이처럼 평화로워 보이기만 하던 조선에 남쪽으로부터 전쟁의 먹구름이 몰려온 것은 1592년 4월 13일이었어.

조선 시대 군사 조직과 규모

조선 전기의 군대는 중앙군과 지방군으로 나뉘어. 중앙군은 한양과 궁궐을 지키는 오위, 지방군은 변방을 지키는 육군의 병영과 수군의 수영으로 이루어졌지. 성종 때 기록에 따르면 당시 약 15만 명의 군사가 있었다고 하는데, 실제는 그보다 훨씬 적었어.

또한 군사 훈련이 제대로 이루어지지 않아 군대의 기강이 약했지. 돈을 주고 다른 사람에게 병역 의무를 대신하게 하기도 했단다.

이로 인해 조선 관군은 임진왜란이 일어나자마자 일본군에 맥없이 무너지고 말았지. 일본이 침략하자 조선 조정은 훈련도감을 설치하고, 지방에는 속오군을 설치했어. 그리고 총을 쏘는 포수, 활을 쏘는 사수, 창과 칼을 쓰는 살수로 체제를 확립했지. 이런 노력으로 정유재란이 일어났을 때는 조선 군대에도 조총 사격에 능한 병사가 많아졌어.

포수 · 사수 · 살수

율곡 이이의 십만 양병설

율곡 이이의 제자 김장생은 1597년에 쓴 《율곡행장》에 "율곡이 경연에서 오랑캐 침입에 대비해 십만 양병을 길러야 한다고 건의했다."는 십만 양병설에 대한 이야기를 담았어. 이 이야기가 1657년 편찬된 《선조수정실록》에 다시 실렸지.
그런데 율곡의 십만 양병설이 사실이 아니라는 주장이 있어. 본래 실록인 《선조실록》에는 그런 이야기가 없다는 거야. 《율곡행장》이 율곡의 제자가 쓴 글이어서 객관성이 없다는 거지. 서인의 우두머리로 추앙받았던 율곡을 좋게 이야기하기 위해 서인 세력이 그런 이야기를 집어넣었다는 주장도 있어. 과연 진실은 무엇일까?

《선조수정실록》

선조의 재위 기간 동안 일어난 이야기를 기록한 《선조실록》을 수정하여 만든 책이야. 이때 율곡, 정철, 유성룡에 대한 새로운 내용이 반영되었지.

조선통신사의 엇갈린 보고

임진왜란이 일어나기 약 1년 전 도요토미 히데요시를 만나고 온 조선통신사는 조정에 엇갈린 보고를 올렸어. 정사 황윤길은 "반드시 전쟁이 일어날 것 같다."고 말했고, 부사 김성일은 "그러한 징조를 보지 못했다."고 보고했지. 조선 조정은 전쟁이 일어날 것 같다는 의견을 무시하고 전쟁 대비를 하지 않았어. 하지만 심상치 않은 낌새를 느낀 이순신은 거북선을 만들고, 병사들을 훈련시키며 전쟁을 준비했지. 임진왜란이 일어나기 하루 전에도 이순신은 거북선을 여수 앞바다로 몰고 나가 총통 시험 발사를 마쳤단다.

7년 전쟁, 임진왜란이 시작되다

1592년 4월 13일, 일본군 14만 명을 태운 수백 척의 함선이 부산 앞바다로 밀려들었어. 임진왜란의 시작이었지. 해질 무렵 부산 앞바다 절영도에 정박한 일본군은 다음 날인 4월 14일, 부산진성에 바싹 다가붙었어. 부산 첨사 정발이 이끄는 병사들은 최신 병기인 조총을 쏘아 대는 일본군에 대항해 힘겨운 싸움을 벌였지. 하지만 역부족이었어. 정발이 적의 탄환에 맞아 전사하자 부산진성은 반나절 만에 함락되고 말았단다.

하루 뒤 일본군 제1선봉장 고니시 유키나가는 부대를 이끌고 동래성으로 쳐들어와서 "싸울 테면 싸우고, 싸우고 싶지 않으면 길을 비켜 달라."고 외쳤어. 동래부사 송상현은 "싸워서 죽기는 쉬워도 길을 내주기는 어렵다."며 맞섰지. 하지만 결국 동래성도 하루를 넘기지 못하고 함락되고 말았단다.

일본군 침입 소식이 조정에 전해지자 선조 임금은 북방 여진족 소탕에 경험이 많은 신립 장군을 충주 탄금대로 급파했어. 하지만 날쌘 조선 기병대도 조총 앞에서는 속수무책으로 당할 수밖에 없었어. 급기야 신립 장군은 일본군에 쫓기다 탄금대 강물에 몸을 던졌고, 조선 육군은 순식간에 무너지고 말았단다.

충주에서 신립 군대를 격파한 일본군이 한양까지 밀고 올라오자 조선 조정은 한양을 떠나기로 결정했단다. 비 내리던 4월의 마지막 날, 선조 임금은 신하들과 궁인들을 이끌고 피난길에 올랐어. 5월 2일 일본군 선봉대가 한양에 도착했을 때, 임금은 개성을 넘어 평양으로 이동하는 중이었지.

마침내 임금 일행이 조선과 명나라 국경인 압록강 부근 의주에 다다랐을 때는 전라도와 일부 지역을 제외한 조선 팔도가 일본군에 점령당한 뒤였어.

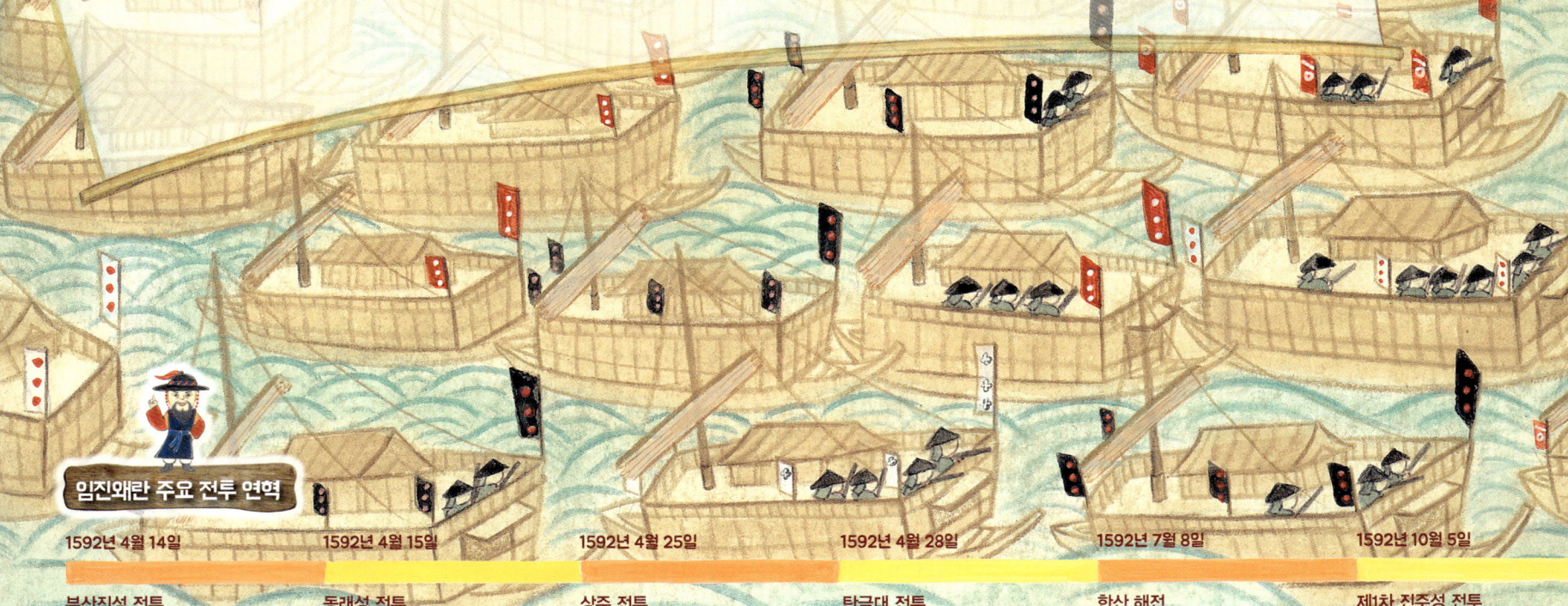

임진왜란 주요 전투 연혁

1592년 4월 14일	1592년 4월 15일	1592년 4월 25일	1592년 4월 28일	1592년 7월 8일	1592년 10월 5일
부산진성 전투	동래성 전투	상주 전투	탄금대 전투	한산 해전	제1차 진주성 전투
조선군 패배, 정발 전사	조선군 패배, 송상현 전사	조선군 패배, 이일 도주	조선군 패배, 신립 자결	조선 수군 승리, 일본 수군 후퇴	조선군 승리, 김시민 대활약

조선 수군, 반격을 시작하다

임진왜란이 일어났을 때 나는 전라 좌수군절도사로 여수에 머물고 있었어. 그곳에서 경상 우수군절도사 원균으로부터 부산진성과 동래성이 함락됐다는 소식을 들었지. 원균은 함선 수십 척이 파괴됐다며 급박하게 나에게 구원을 요청했어. 참담한 심정이었지.

1년여 전부터 나는 일본군의 침입이 있을 것으로 예상하여 전라 좌수영 소속 병사들을 훈련시키고, 무기를 점검하며 전쟁에 대비해 왔어. 전쟁이 있기 하루 전날에는 새로 만든 거북선을 몰고 여수 앞바다로 나가 대포 발사 시험도 마쳤지. 이렇게 대비해 왔지만 전쟁이 일어난 지 며칠 만에 경상도 앞바다가 적들에게 넘어갔다는 소식은 어깨를 무겁게 만들었단다.

나는 섣불리 출전하지 않고 먼저 적의 움직임을 살폈어. 그리고 1592년 5월 4일, 마침내 전라 우수군절도사 이억기의 부대와 합세해 옥포 앞바다로 출정했지. 일본 수군과 처음 맞닥뜨린 옥포 해전에서 우리 수군은 일본 함선 30여 척을 침몰시키는 전과를 올렸어. 이어 사천 해전에서는 처음으로 거북선을 몰고 나가 적들을 물리쳤지. 그 전투에서 나는 조총에 맞아 부상을 입었지만 아픈 줄도 몰랐단다.

그러던 1592년 7월, 평양에 있는 일본 육군에게 보급품을 지원하기 위해 일본 수군이 경상도에서 전라도 앞바다를 거쳐 서해로 북상한다는 정보를 입수했지. 나는 전라도로 나아가려는 일본군을 막기 위해 또다시 돛을 펼쳤어. 이때 내가 일본 함대를 격파하기로 마음먹은 곳이 한산도 앞바다였단다.

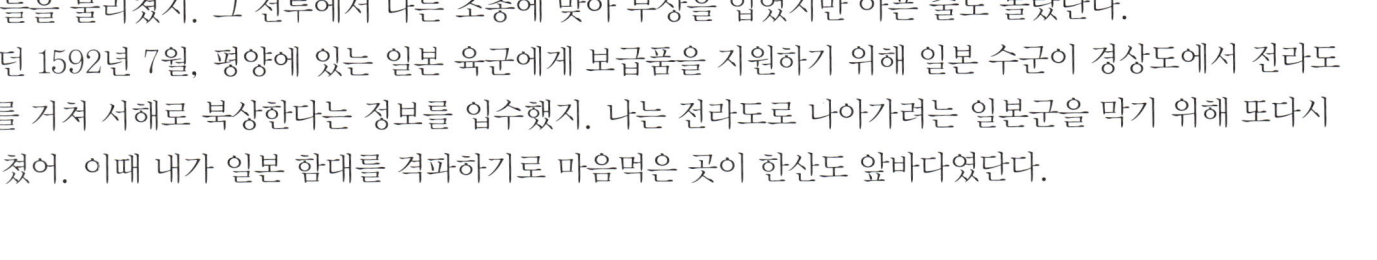

이순신의 조력자들

유성룡(1542~1607)

유성룡은 임진왜란이 일어나기 1년 2개월 전 이순신을 전라 좌수군절도사로 추천했어. 마치 임진왜란을 예견이라도 한 듯 이순신을 수군 지휘관으로 발탁했지. 유성룡이 없었다면 이순신의 눈부신 활약도 없었을 테고, 그랬다면 조선은 더 큰 위기를 겪었을지도 몰라.

이원익(1547~1634)

이원익은 임진왜란 당시 이조 판서와 평안도 순찰사로서 임진왜란 극복에 큰 역할을 한 인물이야. 명나라 제독 이여송과 함께 평양성을 탈환할 때도 공을 세웠지. 일찍이 이순신의 능력을 높이 평가해 적극 지원하였고 끝까지 믿어 주었던 인물이야.

정탁(1526~1605)

1597년, 원균과 원균을 지지하는 대신들의 모함과 탄핵으로 이순신이 옥에 갇히자 우의정 정탁은 그를 위해 힘을 보탰어. 당시 선조는 조정을 기만하고 왕의 명을 어겼다는 이유로 이순신을 죽이려고 했지. 위기의 순간에 정탁은 전쟁에 공이 큰 장수를 죽여서는 안 된다며 적극적으로 이순신을 변호했어.

옥포와 사천 해전 이동로
전라도 여수를 출발한 이순신 함대가 동쪽으로 배를 몰아 오늘날 거제도 옥포 앞바다에서 일본 수군을 격파했어. 이어 사천 앞바다로 이동한 뒤 거북선을 앞세워 다시 일본 수군을 무찔렀지.

임진왜란의 기록

《난중일기》
이순신이 임진왜란이 일어난 1592년부터 전사하기 전 1598년까지 쓴 진중 일기야. 진중 일기란 전쟁터에서 보고 듣고 행한 일을 기록한 일기라는 뜻이지. 《난중일기》에는 전쟁 중 생활, 전투 전후의 상황, 가족과 친지에 대한 안부, 방문한 사람과의 대화, 임금께 올렸던 장계의 초안, 병사들에게 내렸던 상벌 등에 관한 내용이 담겨 있어.

《쇄미록》
조선 중기의 학자인 오희문이 임진왜란 전 1591년부터 전쟁이 끝난 뒤 1601년까지 자신이 겪은 경험담을 쓴 책이야. 일본군의 진로와 의병의 활약상 등 임진왜란의 전개 과정이 잘 기록돼 있어. 또한 전란 중에 처자식을 버리고 도망간 아버지, 죽은 어미의 젖을 빨며 우는 아기의 모습 등 고통을 겪어야 했던 민중들의 비참한 생활상도 상세히 기록돼 있지.

《징비록》
조선 중기 국방을 책임지는 병조 판서와 조선군 총사령관 격인 도체찰사, 영의정을 동시에 지낸 유성룡이 직접 쓴 책이야. 보고 듣고 경험한 일을 기록한 것이어서 임진왜란을 연구하는 역사 자료로서 매우 가치가 높다다. 《징비록》에는 임진왜란이 일어난 배경, 관군과 수군의 전투 상황, 명나라와 일본과의 외교 관계 등이 구체적으로 기록돼 있어.

한산도 앞바다로 적들을 유인하라!

1592년 7월 8일, 내가 이끄는 전라 좌수사군과 이억기가 이끄는 전라 우수사군, 그리고 원균이 이끄는 경상 우수사군 연합 함대가 한산도 앞바다에 도착했어. 거북선 3척을 포함한 50여 척의 전선이었지. 나는 한산도 주변이 훤히 내려다보이는 함선 누각에 올라 주변 지형을 꼼꼼히 살펴보았어. 그러고 나서 지휘관들에게 작전 명령을 내렸단다.

"견내량은 전라도로 가는 지름길이므로 적들이 반드시 지나올 것이다. 허나 폭이 좁고 암초가 많아 우리 판옥선이 나가 싸우기에 적당치 않다. 그러니 이곳 한산도 앞바다에서 적을 물리친다. 작전은 유인, 포위, 섬멸 작전이다!"

그 시각 견내량 너머에 있던 일본 함대가 우리 쪽으로 진격할 움직임을 보이고 있었어. 나는 먼저 적을 유인하기 위해 판옥선 대여섯 척을 견내량으로 보냈지. 조선군 함선이 전투를 벌일 듯 달려들자 일본군 함선들이 밀려오기 시작했어. 그 순간 우리 판옥선은 일본 함대를 유인하기 위해 뱃머리를 돌려 도망치듯 견내량을 빠져나왔지. 그 모습에 신이 난 일본 수군 대장은 "전 함대 돌격!" 하며 명령을 내렸어. 그러자 일본 함선 70여 척이 견내량을 통과하여 한산도 앞바다로 밀려왔단다.

"이때다. 전군 위치로!"

내 명령에 따라 도망치던 판옥선이 빠르게 다시 방향을 돌렸고, 뒤에서 일자진을 치며 기다리고 있던 우리 함대는 학이 날개를 펼친 모양을 만들며 밀려오는 일본 함선들을 포위했단다.

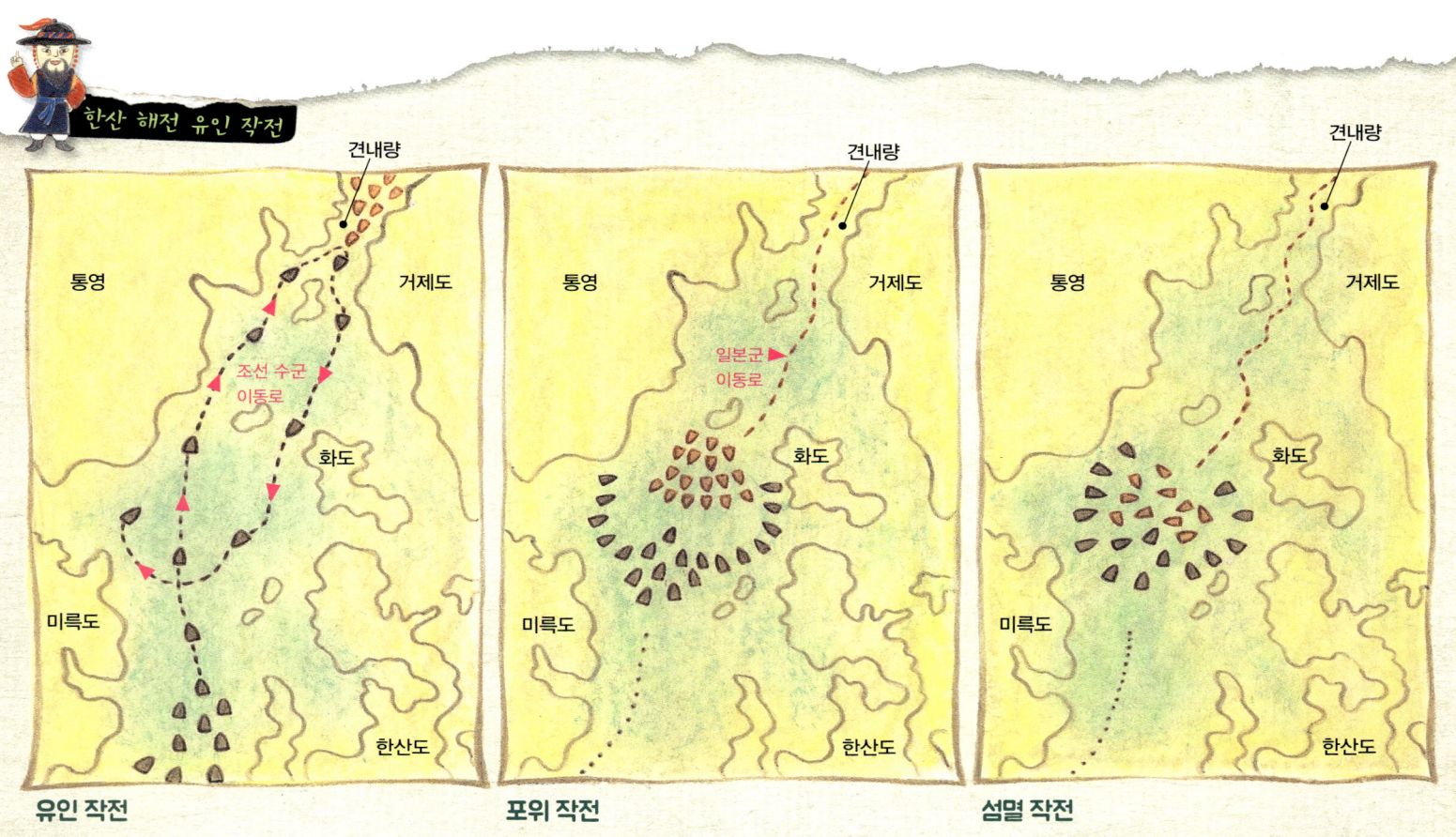

유인 작전
조선 수군은 물살이 강한 견내량에서 일본 수군을 급습하고 후퇴하는 척 한산도 앞바다로 유인했어.

포위 작전
일자진을 치고 있던 조선 수군이 학이 날개를 펼친 모양으로 일본 함대를 포위했어.

섬멸 작전
학의 양날개를 접듯 조선 수군은 일본 함선 70여 척을 감싼 뒤, 일제히 함포 사격을 준비했어.

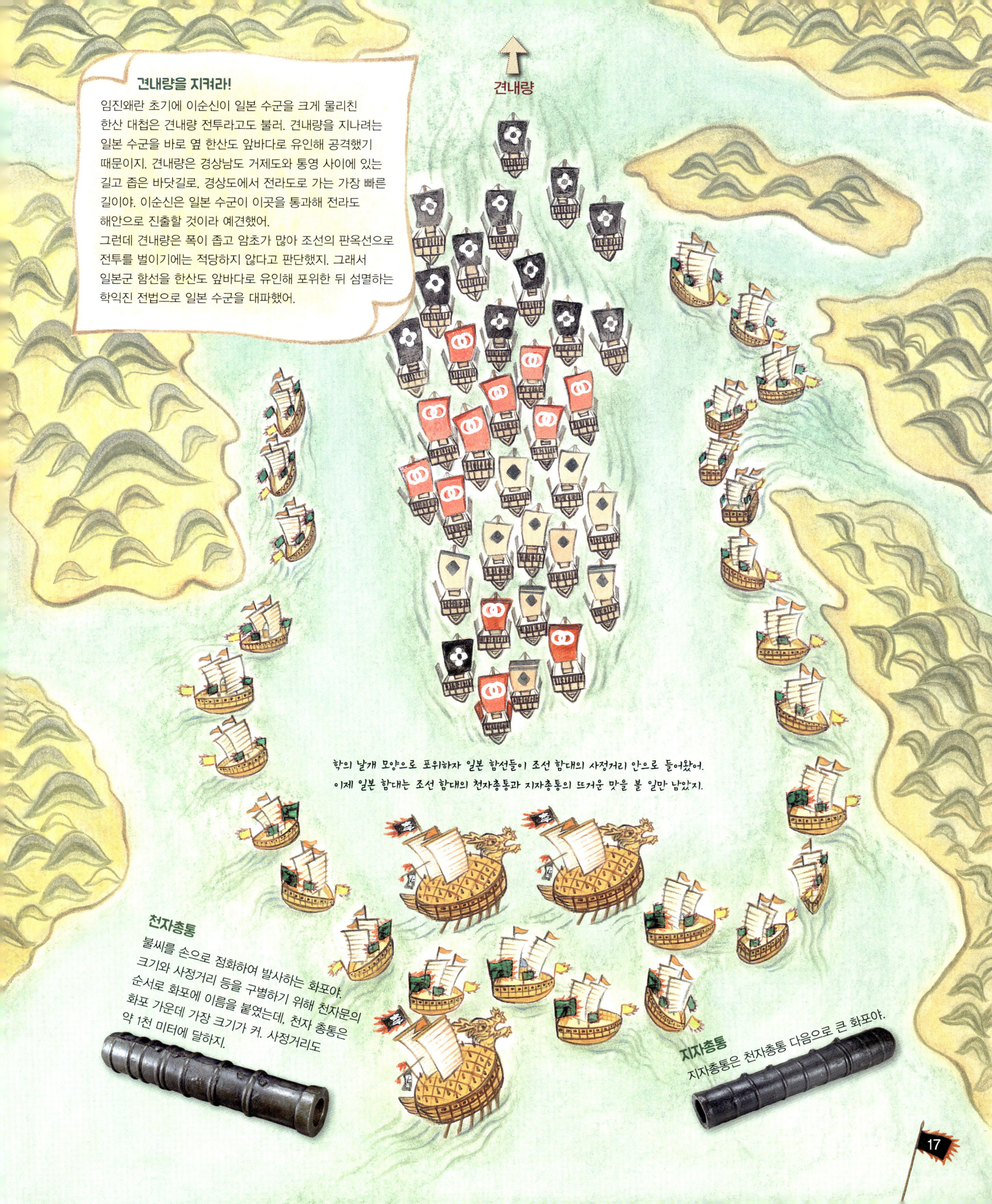

학의 날개를 펼쳐 일본 함대를 격파하다

일본 함선들이 조선 수군을 향해 기세 좋게 몰려오더구나. 늘어선 우리 수군의 형세는 마치 학이 좌우 날개를 쫙 펼친 듯한 모습이라 하여 학익진이라고 했단다. 학익진은 아군의 병력이 적보다 우세할 때 쓰는 작전이지. 일본군 선봉 함대 뒤로 붉은 바탕에 흰색 동그라미 두 개가 그려진 깃발을 펄럭이는 지휘선이 뒤따라오는 게 보였어.

나는 일본군 선봉 함대가 대포의 사정거리에 들어선 순간, 발포 명령을 내렸단다. 반원형을 그리며 좌우로 포진한 조선 수군의 함선에서 일제히 대포가 발사됐어. 동시에 우리 병사들이 불화살을 쏘았지. 천자총통과 지자총통에서 날아간 포탄에 맞아 일본군 선봉 함대가 부서지고, 불화살에 맞은 일본 함선들이 화염에 휩싸였단다. 일순간 한산도 앞바다는 천둥이 치는 듯한 대포 소리와 일본군들의 비명 소리로 천지를 분간하기 어려울 지경이었어.

뒤따르던 일본군은 당황하여 우왕좌왕 갈피를 잡지 못했단다. 나는 그 틈을 놓치지 않고 적진을 향해 돌진했어. 용의 아가리에서 대포를 발사하며 거북선의 육중한 몸으로 일본 함선을 들이받았지. 전선 수십 척이 파괴되자 후방에 있던 일본 함선들은 마침내 머리를 돌려 후퇴하기 시작했어. 조선 수군은 한 척이라도 더 격침시키기 위해 연신 대포를 쏘아 댔지. 사력을 다해 일본군을 물리치는 사이 어느새 해가 저물고 한산도 앞바다에 노을이 벌겋게 물들었단다.

일본군의 수륙병진작전을 좌절시키다

한산 해전은 조선 수군의 완벽한 승리였단다. 그날 전투에서 우리 수군은 일본 함선 50여 척을 파괴했지. 전사한 일본군은 6천여 명에 달했어. 반면 조선 함대는 단 한 척의 배도 잃지 않았어. 아! 그 승리의 기쁨을 무어라 표현할 수 있을까?

허나 한산 해전의 승리는 의미는 단순히 일본군을 물리친 데 머물지 않았어. 무엇보다 큰 성과는 조선 수군이 자신감을 얻었다는 점이야. 더불어 잇따라 패배하면서 저하되었던 육지의 관군과 의병들의 사기도 높아졌지.

더 큰 성과는 서해로 북상하려는 일본군의 수륙병진작전을 좌절시켰다는 사실이야. 이 일로 조선 제일의 곡창 지대인 호남 지역을 지켜 낼 수 있었단다.

그 시각 평양성을 함락하고 추가 병력과 보급품을 기다리고 있던 고니시 유키나가는 한산 해전에서 일본 수군이 처참하게 패했다는 소식을 듣고 옴짝달싹 못 하는 상태가 되었지. 그 덕분에 조선 관군은 전열을 가다듬고 재기할 시간을 가졌단다.

백성을 버리고 떠나는 선조의 몽진

몽진은 먼지를 뒤집어쓴다는 뜻으로 임금이 피난을 간다는 말이야. 충주 탄금대에서 신립 부대가 대패했다는 소식을 접한 선조는 북진하는 일본군을 피해 1592년 4월 30일 새벽, 몽진을 떠나. 창덕궁 인정전에서 말을 타고 돈의문(서대문)을 나와 무악재를 넘고 임진강을 건너 5월 2일 개성에 도착해. 하지만 다음 날 한양이 점령당했다는 소식을 듣고 다시 평양으로 몽진을 떠났지. 선조는 평양성을 버리지 않겠다고 백성들에게 약속했지만, 정세가 더 나빠지자 다시 압록강 근처 의주까지 몽진했어.

선조의 몽진 길: 의주 → 평양 → 개성 → 한양

이순신의 시조, 한산도가

한산섬 달 밝은 밤에 수루에 홀로 앉아
큰 칼 옆에 차고 깊은 시름 하는 차에
어디서 일성호가는 남의 애를 끊나니.

삼도수군통제사 본영이 있는 한산도에서 이순신이 지은 시조야. 어느 밤, 한산루에 홀로 나와 어떻게 일본군을 무찌를까 고심하던 차에 어디선가 들려온 피리 소리. 그 소리에 애를 끊는 듯한 슬픔을 느낀다고 쓰고 있어. 원문은 이순신의 유고 전집인 《이충무공전서》에 실려 있단다.

이순신 장검

이순신이 사용했던 장검은 임진왜란 중인 1594년 4월에 만들었어. 충무공의 친필 검명이 새겨져 있으며, 보물 326호로 지정되어 있지. 현충사에 가면 볼 수 있어.

도요토미 히데요시, 일본 수군에 전투 금지령을 내리다

일본군에게 한산 해전 패배는 한쪽 팔이 잘려 나간 것 같은 타격이었어. 패전 소식을 들은 도요토미 히데요시는 일본 수군에 전투 금지령을 내렸지. 또 패했다가는 전략에 막대한 차질이 빚어질까 두려웠거든. 실제로 한산 해전 이후 일본 수군은 조선 함대를 만나면 포구로 도망쳤고, 육지로 올라가 총을 쏘며 저항했어. 이순신이 일본 수군 본진이 있는 부산포를 공격했을 때도 일본군이 언덕 위로 올라 공격하는 바람에 애를 먹기도 했어. 그래서 일본군은 조선을 다시 침입하기 전 '이순신 제거' 작전을 먼저 실행시켰지. 이순신이 있는 한 조선 수군을 무너뜨릴 방법이 없다고 판단했기 때문이야.

조선 수군과 전투를 금지하라!

조선 수군의 힘, 거북선

거북선은 조선 수군의 주력 함선 판옥선을 개조한 함선이야. 윗부분에 덮개를 덮어 적들이 배에 올라탈 수 없도록 고안했지. 그럼 임진왜란 당시 중요한 역할을 한 거북선의 구석구석을 살펴볼까?

용머리
용머리의 아가리 부분에 화포를 발사하는 구멍이 있어. 화포가 발사되면 용이 불을 뿜는 듯한 모습이었지.

지휘 본부
지휘 장군이 거북선 안에서 작전을 수행하는 공간이야. '전진하라!', '함포 사격 준비, 발사!' 등 함선에서 필요한 모든 명령을 내리는 곳이지.

이순신은 거북선을 발명하지 않았다!
거북선은 부하인 나대용의 건의에 따라 이순신이 만든 것으로 알려져 있지만, 사실 임진왜란 이전에도 존재했어. 우리가 거북선으로 알고 있는 배는 고려 말에 등장했고, 조선 태종 때에도 만들었단다. 그러니 이순신은 거북선을 발명한 사람이 아니라 알맞은 전술을 통해 거북선을 제대로 활용한 사람이라고 할 수 있지.

노
거북선의 바닥층 양쪽에는 노가 설치돼 있었어. 전문 노꾼들이 노를 저어서 전진과 후진뿐 아니라 빠른 회전도 가능했지. 한쪽에서 포를 발사하고 포탄을 장전하는 동안 반대쪽에서 대포를 발사할 수 있도록 노꾼들은 빠르게 노를 저어 배를 회전시켰어.

오르기 어려운 갑판
거북이 등처럼 생긴 지붕이 거북선의 갑판이야. 배 전체를 덮은 나무 표면에 철침과 창칼을 꽂아 놓았어. 적이 거북선 안의 상황을 볼 수 없게 하고, 거북선으로 올라타는 걸 막기 위해서 말이야. 일본 수군은 우리 배에 올라타서 직접 총검으로 맞붙어 싸우는 게 특기였는데, 이 뾰족하고 날카로운 지붕 앞에서는 맥을 못 췄지.

식수로, 방화수로!
물을 담아 놓고 병사들이 마시는 식수와 불을 끄는 방화수로 사용했어.

거북선의 외관
거북선은 길이 26~28미터, 높이 6~6.5미터의 크기로 알려져 있어. 또한 두꺼운 소나무로 만들어 아주 견고했지.

화포
2층에 설치된 화포에서는 포탄을 발사했어. 배 양쪽에 설치돼 있어서 배를 빠르게 회전하면 연속 발사도 가능했지. 화포는 조선 수군의 최강 무기였어.

거북선은 2층이었을까, 3층이었을까?
2015년 재미있는 연구 결과가 나왔어. 2층이라고 알려졌던 거북선이 사실은 3층 구조였다는 거야. 3차원 컴퓨터 그래픽 시뮬레이션을 통해 실제 실내 높이가 문헌보다 70센티미터 더 높다는 사실을 발견했지. 거북선은 1층 2.5미터 이상, 2층 2미터, 3층 2.2미터로 모든 층에서 군사 활동이 가능한 3층 구조의 전투선이었어.

다시 전쟁이 시작되고 모함을 받다

지난 5년 동안 참 많은 일이 있었구나. 한산 해전에서 승리한 뒤 나와 조선 수군에게 큰 시련이 닥쳤단다. 지금도 그 생각만 하면 무척 참담할 따름이야.

그 5년 사이에 무슨 일이 있었을까?

1592년 12월, 명나라 제독 이여송이 조선에 힘을 실어 주기 위해 4만에 이르는 군사를 이끌고 얼어붙은 압록강을 건너왔어. 조선군은 명군과 연합하여 고니시 유키나가가 버티고 있던 평양성을 탈환했지. 남쪽으로 후퇴해 경상도 해안가까지 밀려난 일본군과 명군의 지루한 협상이 시작됐단다. 그때 나는 충청도와 전라도와 경상도 수군을 총지휘하는 삼도 수군통제사로 한산도에 머물고 있었어.

그러던 1596년, 4년을 끌어오던 강화 협상이 성과 없이 깨지고 말았지. 그러자 1597년 1월, 도요토미 히데요시는 14만 명의 일본군을 이끌고 조선을 다시 쳐들어왔어. 정유재란의 시작이었지. 일본은 나를 없애고 경상도와 전라도 바닷길을 장악하는 것을 제1차 목표로 삼았단다.

이를 위해 일본군 대장 고니시 유키나가는 첩자를 보내 구체적인 날짜를 언급하며 "일본에서 장수 가토 기요마사가 건너올 테니 그를 죽이면 전쟁을 끝낼 수 있다."는 거짓 정보를 흘렸지. 선조 임금은 이를 철석같이 믿고 나에게 당장 가토의 목을 베라고 명했단다.

허나 그 정보가 계략임을 알아챈 나는 출전하지 않았어. 결국 임금의 명을 무시했다는 이유로 체포되어 한양으로 압송되었단다. 일본군의 작전이 성공한 셈이었지.

임진왜란 연표

1592년 4월	1592년 5월	1592년 7월	1592년 10월	1593년 1월	1593년 2월
일본군, 조선 침입. 선조 의주로 피난	일본군, 한양 점령	이순신, 한산 해전 승리	김시민, 제1차 진주성 전투	조명 연합군, 평양성 탈환	권율, 행주성 전투

칠천량 해전의 뼈아픈 패배

1597년 7월 16일, 거제도 부근 칠천량 앞바다에서 벌어진 칠천량 해전은 임진왜란 때 조선 수군이 패배한 유일한 전투야. 일본은 이순신과 조선 수군을 붕괴시키지 않으면 이후의 전략도 소용없다는 걸 알았어. 그래서 사전에 조선 조정에 첩자를 보내 이순신을 물러나게 하는 데 성공하고 복수의 칼을 갈며 칠천량 해전에 나섰어.

이때 조선 수군을 이끈 장수는 원균이야. 이순신이 일궈 놓은 조선 함대를 한순간에 무너뜨린 원균은 자신도 육지로 도망쳤다가 일본군의 칼에 죽임을 당했어. 칠천량 해전에 대패한 조선은 남해 통제권을 넘겨주어야 했고, 일본군은 전라도 침략에 성공했지. 그나마 배설이 판옥선 12척을 이끌고 도망치는 데 성공한 덕분에 이순신은 그 12척을 바탕으로 수군을 재건하여 명량 해전에 나설 수 있었어.

칠천량 해전이 벌어진 위치

이순신이 관할한 삼도 수군통제영

삼도 수군통제영은 충청도와 전라도와 경상도 삼도 수군을 통제하는 조선 수군 총지휘 본부야. 오늘날로 치면 해군 사령부라고 할 수 있어. 한산 해전에서 승리를 이끌어 낸 이순신은 삼도 수군 전체를 총괄하는 삼도 수군통제사를 맡았지. 한산도에 있는 삼도 수군통제영을 지휘소로 삼아 남해로 쳐들어온 일본군을 오는 족족 물리쳤어.

이순신과 원균

조선 수군 내 최대 라이벌은 이순신과 원균이었어. 임진왜란이 일어난 당시 이순신은 전라 좌수사, 원균은 경상 우수사였어. 원균은 이순신과 연합해 여러 전투에 참여했지만 이순신의 전투 공적을 시기해 모함하는 글을 조정에 자주 올렸지. 원균은 결국 삼도 수군통제사 자리까지 차지했지만 칠천량 해전에서 대패하고 일본군에 죽임을 당하고 말았어.

고니시와 가토

조선 수군에서 이순신과 원균이 라이벌이었다면, 일본 육군에서는 고니시 유키나가와 가토 기요마사가 라이벌이었어. 둘 다 도요토미 히데요시의 총애를 받은 무장이야. 임진왜란 때 고니시가 제1선봉장으로 먼저 부산에 상륙했고, 가토는 며칠 뒤 제2선봉장으로 부산에 상륙했어. 두 사람은 누가 먼저 한양과 평양을 점령할 것인가 하는 문제를 두고 사사건건 마찰을 빚었지.

1593년 3월 ~ 1596년 말	1593년 8월	1597년 1월	1597년 9월	1598년 11월
강화 협상 시작	이순신, 삼도 수군통제사 임명	일본군, 다시 침입(정유재란)	이순신, 명량 해전 승리	이순신, 노량 해전에서 전사, 임진왜란 종료

아직 12척의 배가 남아 있다!

한양으로 압송된 나는 고문을 받고 투옥되었단다. 원균과 원균을 옹호하는 대신들은 조정을 속인 나를 살려 두어서는 안 된다고 빗발치듯 상소를 올렸어. 나는 여기서 끝이구나 싶었지. 그러나 한산 해전의 공이 큰 장수를, 그것도 전쟁이 한창일 때 죽일 수는 없다며 일부 대신들이 간곡히 호소했어. 임금은 마지못해 나를 풀어 주며 백의종군*을 명했지.

1597년 4월 1일, 옥문을 나선 나는 권율 장군이 있는 순천으로 향했어. 그런데 4월 13일, 어머니가 돌아가셨다는 소식이 들려왔지. 허나 전쟁 중이어서 서둘러 장례를 마친 뒤 다시 순천으로 내려와야 했단다. 석 달 뒤 7월 16일, 어머님이 돌아가신 것만큼이나 참담한 소식이 칠천량으로부터 전해졌어. 나를 대신해 삼도 수군통제사로 있던 원균이 일본 수군에 패했다는 소식이었지.

칠천량 해전의 패배로 우리 수군을 이끌던 원균과 병사 수백 명이 전사하고, 수많은 배가 격침되었다더구나. 이제 남은 배라고는 배설 장군이 도망치며 끌고 온 12척이 전부였지.

선조 임금은 교서를 내려 "무슨 할 말이 있겠는가? 무슨 할 말이 있겠는가?"라며 나를 죽이려 했던 걸 자책했어. 그러면서 나를 다시 삼도 수군통제사에 임명하고 "해전에는 가망이 없으니 육지에 가서 싸우라."는 명을 내렸지.

나는 곧바로 임금에게 글을 올렸어.

"신에게는 아직 열두 척의 배가 남아 있사옵니다. 비록 남은 배가 적지만, 제가 있는 한 적들이 감히 우리를 업신여기지는 못할 것이옵니다."

며칠 뒤 적의 움직임을 정찰하는 척후병으로부터 우려했던 정보를 들었어.

"일본 수군이 육군과 합세하기 위해 내일 명량 해협을 통과할 것이라 합니다."

나는 결전의 날이 왔음을 직감했단다.

* **백의종군**: 조선 시대에 중죄를 지은 무관에게 내리는 벌로, 일체의 관직과 벼슬 없이 군대를 따라 전쟁에 참여하는 것

> 저 12척의 배로 꼭 일본 수군을 무찌를 것이다.

두 번의 백의종군

높은 벼슬자리에 있던 무관에게 백의종군은 매우 힘든 일이었어. 장군에서 졸지에 벼슬 없이 군에 복무해야 했으니 말이야. 그런데 이순신은 이런 백의종군을 두 번이나 겪었지. 처음은 1587년 함경도 녹둔도 둔전관 재직 중 여진족의 침입을 막아 내지 못했다는 이유로 명해졌어. 그 뒤 10년 만에 이순신은 두 번째 백의종군을 해야 했단다.

일본 수군은 왜 험한 울돌목을 피해 가지 않았을까?

울돌목은 전라남도 진도와 해남 사이에 있는 좁고 험한 수로야. 남해에서 서해로 가장 빠르게 올라갈 수 있는 바닷길이지. 이순신은 일본 수군이 이곳을 지나갈 것을 예상하고 울돌목에서 전투를 준비했어. 그런데 일본 수군은 왜 험하기로 유명한 울돌목을 피해 가지 않았을까? 먼 남쪽 바다로 돌아가면 시간이 오래 걸리고, 이순신에게 수군 함선이 13척밖에 없다는 사실도 알고 있었기 때문이야. 그래서 자신 있게 울돌목으로 들어온 거지.

명량 해전에 사용된 함선은 12척일까, 13척일까?

이순신은 선조에게 12척의 배가 남아 있다고 했지만 실제로 명량 해전에 출전한 판옥선은 13척이었어. 임금에게 보고한 뒤에 판옥선 한 척을 더 준비해서 싸움에 나섰기 때문이야.

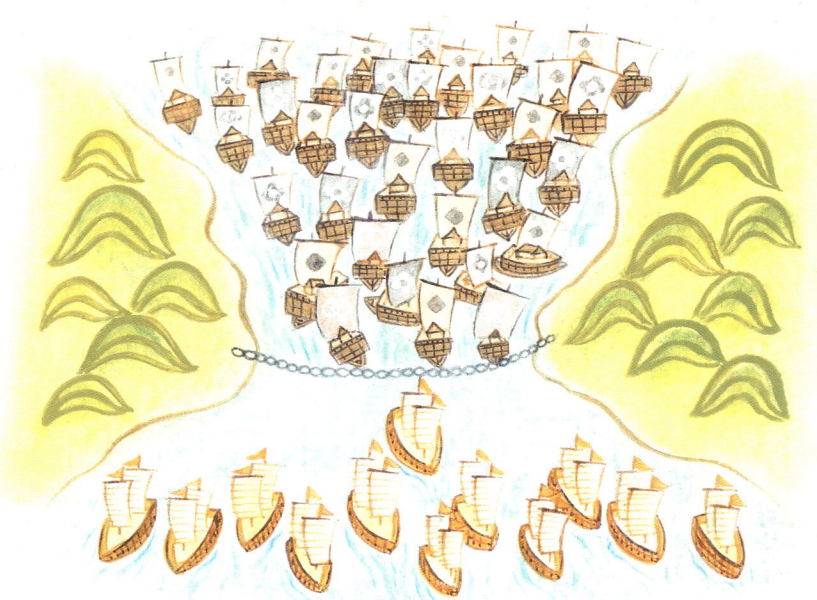

명량 해전에서 쇠사슬을 이용했을까?

"울돌목 해협 중 가장 폭이 좁은 곳에 쇠사슬을 설치해 밀려오는 일본 함선을 격파했다." 이 이야기는 명량 해전에 참전한 전라우수사 김억추의 행적을 기록한 책에 실려 있는 내용이야. 울돌목으로 돌진해 온 일본 함선들이 바다 밑에 있던 쇠사슬에 걸려 우왕좌왕하는 동안 조선 수군이 함포를 쏘아 일본 함선을 격파했다는 이야기지. 하지만 당시 전투를 기록한 《선조실록》이나 《난중일기》《이충무공전서》 어디에도 울돌목에 쇠사슬을 설치했다는 기록은 없어.

13척의 배로 133척에 맞서다

　1597년 9월 15일, 나는 전군을 모아 놓고 비장한 어조로 말했단다.
　"병법에 이르기를 죽고자 하면 살고, 살고자 하면 죽는다고 했다. 한 사람이 길목을 지키면 천 명도 두렵지 않은 법, 목숨을 걸고 싸워라!"
　9월 16일, 마침내 결전의 날이 왔어. 이른 아침 나는 함대를 이끌고 명량으로 나갔지. 우리 함대는 12척에 한 척을 보태 모두 13척. 그 뒤에는 어민들의 고기잡이 배 수십 척을 띄워 놓았어. 우리 함대가 많아 보이도록 하기 위한 술책이었지.
　아침이 밝은 지 얼마 안 돼 일본군 함선 133척이 울돌목 어귀에 모습을 나타냈어. 울돌목은 진도와 해남 사이의 좁은 바닷길로 조류가 빠르고 험한 곳이야. 일본 함대는 서쪽으로 밀려오는 조류를 타고 우리 쪽으로 다가왔지. 나는 병사들에게 물러서지 말고 길목을 지키라고 명한 뒤 선봉 함대에 서서 밀려오는 함선들을 바라보았단다. 일본군 선봉장 구루시마 미치후사가 공격 대형을 갖추고 전진해 왔어. 일본 수군은 칠천량 해전의 승리에 취해 기세등등한 모습이었어.
　내가 포격 명령을 내리자 판옥선 양 옆에서 포탄이 날아갔어. 그와 동시에 다연발 화살인 신기전, 적진에 날아가 터지는 비격진천뢰와 불화살도 마구 쏘아 댔지. 우리 수군의 포격에 일본군 선봉 함대가 화염에 휩싸였어.
　일본군은 대포에 맞아 배가 파괴되고, 배에 불이 붙어 바다로 뛰어들면서도 공격을 멈추지 않았지. 나는 조류에 밀려 떠내려가지 않도록 닻을 내리고 천자총통과 지자총통을 쏘며 버텼어. 하지만 역부족이었어. 함께 싸워야 할 부하들이 일본군의 위세에 눌려 머뭇거리고 있었거든.
　나는 생각했어.
　'여기서 밀리면 나도 죽고, 나를 따르던 부하들도 죽고, 나만 믿고 어선을 몰고 나온 백성들도 모두 죽을 것이다! 그러니 맞서 싸워 이겨야만 한다!'

조선 수군 상황 2
조선 수군의 함선이 많아 보이도록 함대 뒤편에는 어민들을 태운 고기잡이 배 수십 척을 띄워 놓았어.

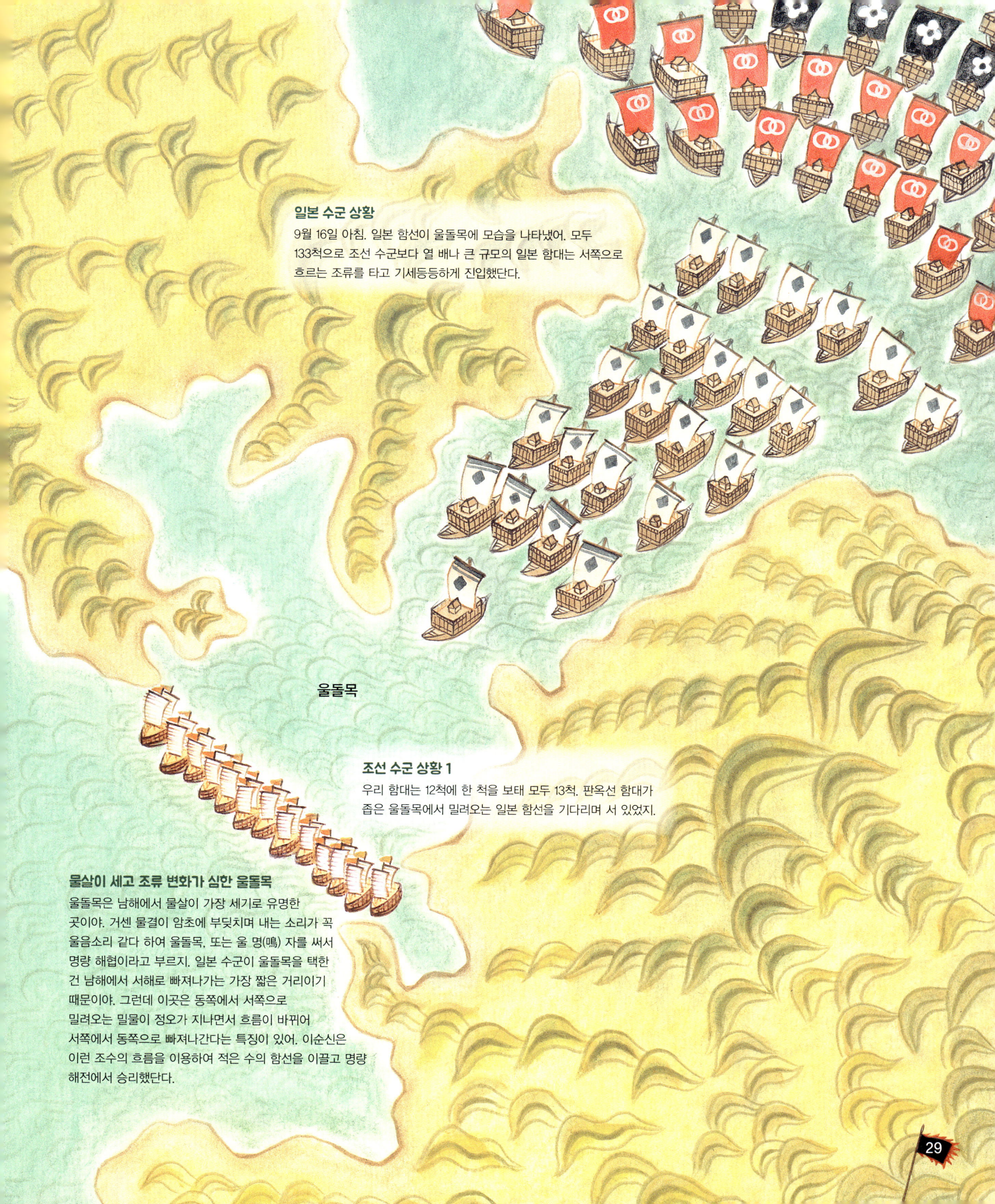

일본 수군 상황

9월 16일 아침. 일본 함선이 울돌목에 모습을 나타냈어. 모두 133척으로 조선 수군보다 열 배나 큰 규모의 일본 함대는 서쪽으로 흐르는 조류를 타고 기세등등하게 진입했단다.

울돌목

조선 수군 상황 1

우리 함대는 12척에 한 척을 보태 모두 13척. 판옥선 함대가 좁은 울돌목에서 밀려오는 일본 함선을 기다리며 서 있었지.

물살이 세고 조류 변화가 심한 울돌목

울돌목은 남해에서 물살이 가장 세기로 유명한 곳이야. 거센 물결이 암초에 부딪치며 내는 소리가 꼭 울음소리 같다 하여 울돌목, 또는 울 명(鳴) 자를 써서 명량 해협이라고 부르지. 일본 수군이 울돌목을 택한 건 남해에서 서해로 빠져나가는 가장 짧은 거리이기 때문이야. 그런데 이곳은 동쪽에서 서쪽으로 밀려오는 밀물이 정오가 지나면서 흐름이 바뀌어 서쪽에서 동쪽으로 빠져나간다는 특징이 있어. 이순신은 이런 조수의 흐름을 이용하여 적은 수의 함선을 이끌고 명량 해전에서 승리했단다.

기적 같은 승리를 이끌어 내다

나는 지체 없이 초유기*를 흔들어 멀찍이 떨어져 있던 안위와 김응함을 불렀단다. 부름을 받고 안위와 김응함이 탄 판옥선이 다가오자 나는 함선 누각에 올라 큰 소리로 꾸짖었어.

"안위야! 군법에 죽고 싶으냐? 도망간다고 어디 가서 살 것이냐?"

"김응함! 너를 당장 벌해야 마땅하지만 지금 상황이 위급하다. 당장 돌격하라!"

그제서야 안위와 김응함이 지휘하는 함선이 돌진하기 시작했고, 일본군 함선들이 개미처럼 달라붙었어. 그러자 우리 병사들이 일본군들을 향해 비 오듯 화살을 쏘았단다.

나는 판옥선을 몰아서 일본 함선에 부딪쳐 격침시켰어. 시간이 얼마나 흘렀을까. 격침된 일본군 함선 옆으로 선봉장 구루시마의 시체가 떠올랐어. 구루시마의 목을 베어 장대에 높이 매달자 일본군들은 두려워하며 달아나기 시작했단다.

그사이 조류가 썰물로 바뀌어 우리 쪽에서 일본군 쪽으로 흐르기 시작했어. 불이 붙은 일본 함선들은 도망가면서 서로 부딪혀 불에 타고 부서졌어. 배에서 떨어진 일본군들은 물에 빠져 죽어 갔지. 조선 수군은 마지막까지 일본 함대를 향해 대포를 쏘아 댔어. 언덕 위에서 싸움을 지켜보던 백성들이 환호성을 지르며 눈물을 흘렸단다. 기적 같은 승리, 오늘의 승리는 하늘이 도와준 덕분이었어.

* **초유기** : 전장에서 같은 편 군대를 부르는 깃발

명량 해전 당시 조선과 일본 수군의 규모와 피해 상황

조선 수군 지휘관
총사령관인 삼도 수군통제사 이순신이 선두에 서고, 전라 우수사 김억추, 미조항 첨사 김응함, 거제 현령 안위 등이 뒤따랐어.

- 삼도 수군통제사 이순신
- 미조항 첨사 김응함
- 전라우수사 김억추
- 거제 현령 안위

일본 수군 지휘관
지휘관인 도도 다카토라가 뒤에서 작전을 명령하고, 와키자카 야스하루와 구루시마 미치후사가 선봉에 나섰어.

- 도도 다카토라
- 구루시마 미치후사
- 와키자카 야스하루

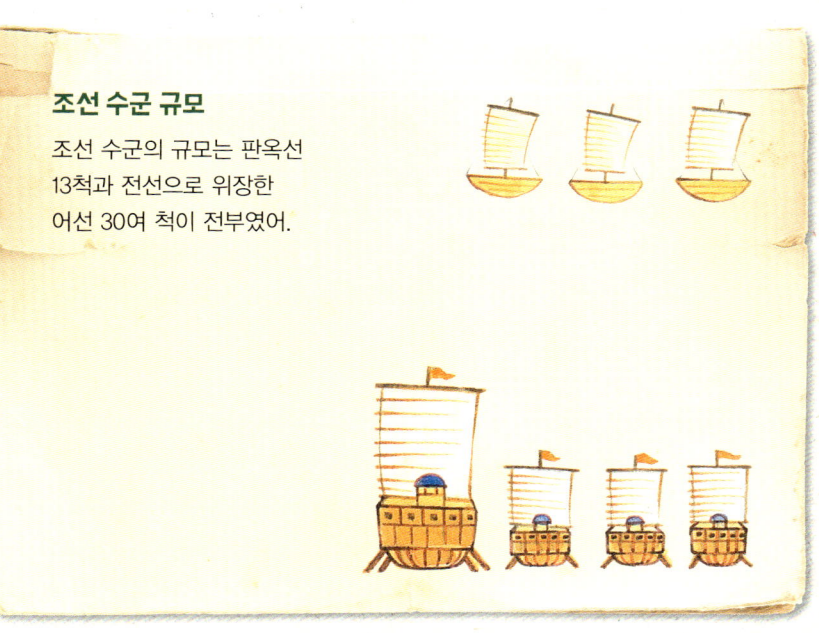

조선 수군 규모
조선 수군의 규모는 판옥선 13척과 전선으로 위장한 어선 30여 척이 전부였어.

일본 수군 규모
일본 수군의 규모는 전방에 함선 133척과 후방에 200여 척을 포함하여 모두 300척이 넘는 대규모 함대였어.

조선 수군 피해 상황
명량 해전에서 조선 함대는 피해가 없었지만, 조선 수군 100여 명이 전사했어.

일본 수군 피해 상황
선봉장 구루시마 미치후사가 전사했고, 함선 30여 척이 격파되었으며, 일본 수군 1800여 명이 전사했어.

명량 해전 패배로 도망가는 일본군!

이날 해전에서 우리 수군은 단 한 척의 함선도 피해를 입지 않았단다. 하지만 일본은 함선 30여 척과 1800여 명의 군사를 잃었어. 명량 해전의 승리로 조선은 칠천량 해전에서 당한 패배를 두 배로 갚아 주었어. 일본군에게 빼앗겼던 전라도 해역에 대한 통제권도 되찾았지.

참패한 일본 수군은 한산 해전 때와 마찬가지로 전라도 해안을 통해 서해로 북상하려던 계획을 포기해야 했어. 그렇다면 일본 육군 쪽의 사정은 어땠을까? 일본 육군은 서해로 북상한 수군과 합세해 전라도 남원과 전주성을 점령하고 충청도까지 진군했지. 하지만 수군이 명량 해전에서 패했다는 소식을 듣고 다시 남쪽으로 후퇴해야만 했어.

일본군 선봉장 고니시 유키나가는 순천 왜성으로, 가토 기요마사는 경상도의 울산 왜성으로 후퇴했지. 조명 연합군은 이 기회를 놓치지 않고 남해안 일대에서 일본군을 완전히 몰아내기 위해 육지와 바다에서 동시에 공격하는 전략을 세웠어. 그 과정에 노량 해전이 있었단다.

선조는 왜 원균을 택했을까?

임진왜란이 끝난 지 열흘 뒤, 1598년 11월 27일의 《선조실록》에는 "삼도 수군통제사를 이순신에서 원균으로 교체하지 않았다면 칠천량 해전의 패배로 조선 수군이 궤멸되지 않고, 전라도에 피해도 없고, 일본군이 남해에 주둔하는 일도 없었을 것"이라는 평이 있어. 이순신을 쫓아낸 선조의 잘못을 비판한 내용이지. 그런데 선조는 왜 원균을 택했을까? 정확히 알 수는 없지만, 당시 일본 수군을 연이어 격퇴하며 백성들의 큰 신임을 받던 이순신에 대한 시기심 때문에 그와 대립하던 원균을 택했을지도 모른다고 추측하기도 한단다.

일본군이 왜성을 쌓은 이유

도요토미 히데요시는 일본군이 한산 해전에서 대패하자 조선 수군과의 해전 금지령을 내리는 동시에 남해안 여러 곳에 성을 쌓으라고 명령했어. 이 성을 왜성이라 불러. 일본군이 왜성을 쌓은 이유는 여러 가지가 있어. 첫째, 일본으로부터 안정적으로 보급품을 받기 위한 항만 확보. 둘째, 이순신 함대에 항구를 내주지 않으려는 전략, 셋째, 전투를 길게 끌고 가기 위한 전략의 일환이었어. 1597년 명량 해전 대패 후 고니시 유키나가는 전라도 순천에 왜성을 쌓았어. 이곳을 순천 예교성이라고 해. 1년 넘게 순천 예교성에 주둔하던 고니시가 도요토미의 사망 이후 일본으로 돌아가려 하자 그를 잡기 위해 이순신과 조명 연합 함대가 출전한 해전이 바로 노량 해전이야.

임진왜란 때 쌓은 왜성

가덕도 왜성을 비롯해 구포 왜성 등 경상남도 해안 일대 15곳에 왜성을 쌓았어.

정유재란 때 쌓은 왜성

순천 왜성을 비롯해 경상남도와 전라남도 해안 7곳에 왜성을 쌓았어.

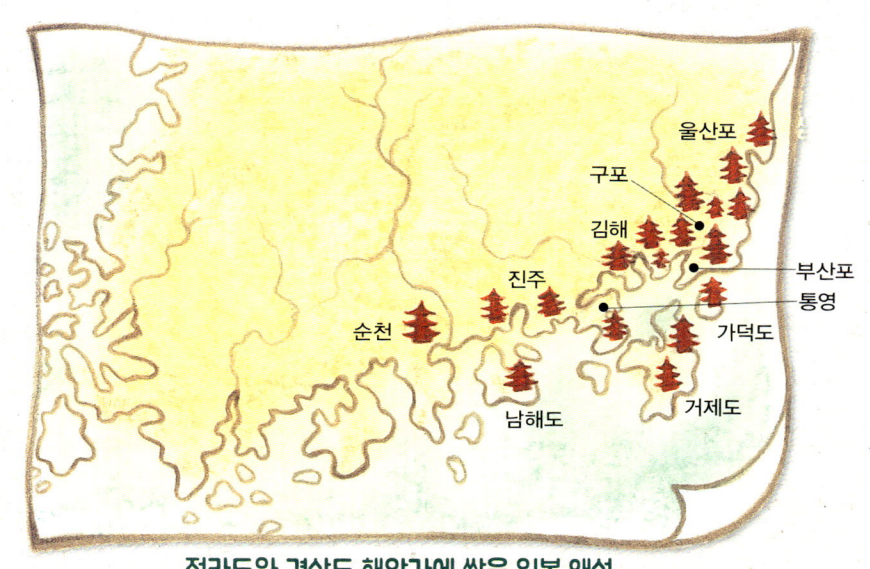

전라도와 경상도 해안가에 쌓은 일본 왜성

이순신의 전략적 퇴각로

이순신은 명량 해전에서 승리를 거두고도 진도를 지나 서해를 따라서 위쪽으로 퇴각하는 모습을 보였어. 이것은 사실 이순신이 일부러 벌인 행동이었단다. 조선 수군이 재정비할 시간을 버는 동시에, 조선 수군이 건재하다는 것을 보여 주어 백성들을 안심시키기 위해서였지.

조선 수군과 일본 수군은 어떤 무기로 싸웠을까?

바닥이 뭉툭한 조선 수군의 배
속도가 느린 대신 회전이 빨랐어.

판옥선
소나무로 만들어서 단단하고 무거운 판옥선은 밑바닥이 뭉툭한 U자 모양이야. 그래서 속도는 느리지만 회전하기가 쉽다는 장점이 있어. 또한 나무못으로 이음새를 이어서 시간이 지날수록 응집력이 강해졌지.
판옥선은 갑판 위에 갑판을 하나 더 설치한 2층 구조로, 노 젓는 병사들을 적의 공격으로부터 방어해 주기도 했어. 상층부 갑판은 위치가 높아서 공격에 유리했단다.

조선 수군의 무기

신기전
화약의 힘으로 발사하는 화살이야. 화살 앞부분에 불이 나는 발화통을 매달아 적선을 불태우는 용도로 사용했어. 발사 장치인 화차에서 대량으로 발사하면 더욱 효과가 컸고, 날아가는 중에 연기와 불꽃이 일어 적에게 공포심을 불러일으켰지.

비격진천뢰
선조 때 이장손이 고안한 것으로, 던지거나 쏘면 적진에 날아가서 폭발하는 화약 무기야. 한 번에 많은 적에게 타격을 줄 때 쓰였지. 지금의 수류탄이라고 보면 돼.

총통
화약의 추진력을 이용해 탄환을 발사하는 무기야. 일명 대포라고 하지. 크기에 따라 천자총통, 지자총통, 현자총통, 황자총통으로 나뉘는데, 승자총통처럼 휴대하는 총통도 있어. 먼 거리에 있는 적선을 부술 때 쓰였어.

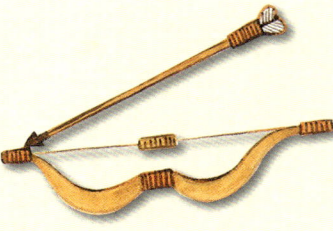

활과 화살
조선 수군이 총통과 함께 가장 많이 사용한 무기야. 조선 군대는 칼보다는 활을 더 중시했어. 먼 거리에서 일본군이 접근하기 전에 총통과 함께 화살을 쏘아 적의 접근을 막았지.

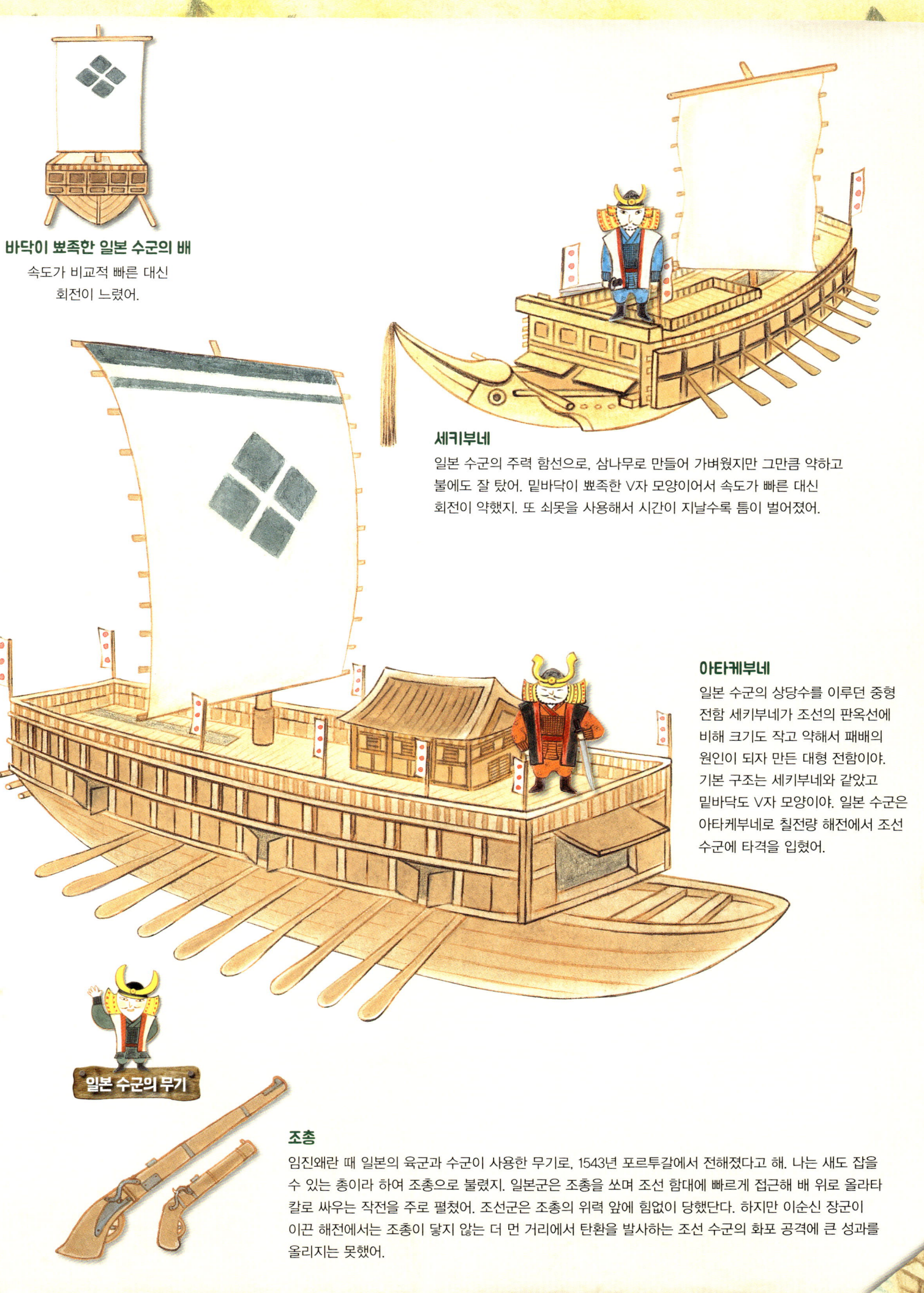

바닥이 뾰족한 일본 수군의 배
속도가 비교적 빠른 대신 회전이 느렸어.

세키부네
일본 수군의 주력 함선으로, 삼나무로 만들어 가벼웠지만 그만큼 약하고 불에도 잘 탔어. 밑바닥이 뾰족한 V자 모양이어서 속도가 빠른 대신 회전이 약했지. 또 쇠못을 사용해서 시간이 지날수록 틈이 벌어졌어.

아타케부네
일본 수군의 상당수를 이루던 중형 전함 세키부네가 조선의 판옥선에 비해 크기도 작고 약해서 패배의 원인이 되자 만든 대형 전함이야. 기본 구조는 세키부네와 같았고 밑바닥도 V자 모양이야. 일본 수군은 아타케부네로 칠전량 해전에서 조선 수군에 타격을 입혔어.

일본 수군의 무기

조총
임진왜란 때 일본의 육군과 수군이 사용한 무기로, 1543년 포르투갈에서 전해졌다고 해. 나는 새도 잡을 수 있는 총이라 하여 조총으로 불렸지. 일본군은 조총을 쏘며 조선 함대에 빠르게 접근해 배 위로 올라타 칼로 싸우는 작전을 주로 펼쳤어. 조선군은 조총의 위력 앞에 힘없이 당했단다. 하지만 이순신 장군이 이끈 해전에서는 조총이 닿지 않는 더 먼 거리에서 탄환을 발사하는 조선 수군의 화포 공격에 큰 성과를 올리지는 못했어.

일본군의 탈출을 막아라!

1598년 7월, 명나라에서 해군 제독 진린이 수십 척의 함선과 군사 5000여 명을 이끌고 고금도로 왔어. 육지에서는 명나라 육군 제독 유정이 이끄는 군대가 남쪽으로 내려왔지. 육지와 바다에서 조명 연합군이 압박하자 고니시 유키나가는 순천 왜성에서 꼼짝달싹 못하는 처지가 됐단다.

그때 일본으로부터 급박한 정보가 날아들었어. 임진왜란을 일으킨 도요토미 히데요시가 사망했다는 소식이었지. 남해안 일대에서 버티고 있던 일본군은 모두 철수하고 돌아오라는 명령을 받았어.

순천에 있던 고니시 부대가 철수한다는 정보를 입수한 나는 진린 제독과 함께 순천 왜성을 공격했단다. 육군 제독 유정도 1만 5000명의 조명 연합군을 이끌고 북쪽에서 공격했지. 궁지에 몰린 고니시 유키나가는 순천을 빠져나가기 위해 유정과 진린 제독에게 뇌물을 주며 길을 터 달라고 부탁했어. 어차피 남의 나라 전투라고 생각하던 두 장수는 위험을 무릅쓰고 전투를 벌이는 대신 뇌물을 받고 적당히 길을 터 주려 했지. 나는 이 사실을 알고 진린에게 강력히 항의했단다.

"조선에 있는 일본 함선 한 척도, 일본군 한 놈도 살려 보낼 수 없소이다."

그제서야 진린도 내 뜻을 받아들여 순천에 있는 고니시의 군대를 공격하는 데 동의했어. 마지막 대혈투의 시간이 다가오고 있었어.

조명 연합군의 수륙 합동 작전

명량 해전 이후 일본군은 더 이상 북진하지 못하고 남해 해안가로 후퇴했어. 고니시는 순천 왜성에, 가토는 울산 왜성에 몸을 숨긴 채 상황만 살폈지. 그사이 조명 연합군은 왜성에 주둔한 일본군을 공격하기 위해 동로·중로·서로·수로군을 편성해 사로 병진 작전을 펼쳤어.

사로 병진 작전의 대표적인 전투가 사천 왜성 전투와 울산성 전투야. 그중 사천 왜성 전투는 조명 연합 육군과 수군이 육로와 수로 양방향에서 공격했지만 성과를 보지 못했지. 울산성에서도 두 차례에 걸쳐 치열한 전투를 벌였지만 끝내 함락시키지는 못했어.

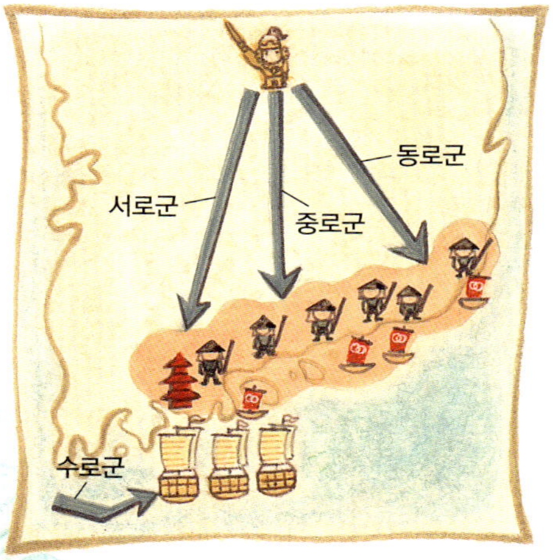

명나라 장수 유정과 진린

유정과 진린은 정유재란 때 조선에 파견된 명나라 제독이야. 유정은 육군 제독, 진린은 해군 제독이었어. 제독은 파견군의 사령관 격으로 조선의 군무를 총괄하는 도원수 권율이나 삼도 수군통제사 이순신과 같은 급이었지. 정유재란 때 전시작전권이 명군에 있었기 때문에 권율과 이순신은 이들의 명령에 따라야 했어.

고니시에게 뇌물을 받은 유정과 진린은 순천 왜성 협공에 비협조적이었어. 하지만 나중에 이순신의 됨됨이를 알아본 진린은 노량 해전에서 조선군을 힘껏 도왔단다.

노량으로 총출격하라!

위기감을 느낀 고니시 유키나가는 사천 왜성에 있는 일본군에게 퇴로를 확보해 달라고 요청했단다. 이에 사천과 부산 등지에 있던 일본 수군 함선 500여 척과 병사 6만여 명이 순천으로 향했지.

일본군이 몰려온다는 정보를 입수한 나는 11월 18일, 150여 척의 조명 연합 함대를 이끌고 순천을 향해 나아갔단다. 순천 근처 남해도에 도착해 매복하며 상황을 살피던 우리는 일본 함대가 노량으로 이동해 온다는 정보를 듣고 급히 출격했어.

운명의 11월 19일 새벽 4시. 조명 연합 함대가 노량 해협에 당도했을 때는 이미 일본 함선 수백 척이 해협을 가득 메운 채 불을 밝히고 있었어. 그 모습을 본 나는 다짐했지.

'우리 땅을 짓밟고, 무고한 조선 백성을 괴롭히고, 사랑하는 내 아들을 죽인 너희를 도저히 용서할 수 없다! 내가 반드시 응징하리라!'

나뿐 아니라 전투에 참여한 우리 수군의 전의도 뜨겁게 불타올랐어. 그들 중에는 지난해 칠천량 해전에서 전사한 병사들의 가족과 원한에 사무친 백성들이 포함돼 있었지.

마침내 나는 우리 수군에 공격 명령을 내렸단다.

"총공격하라!"

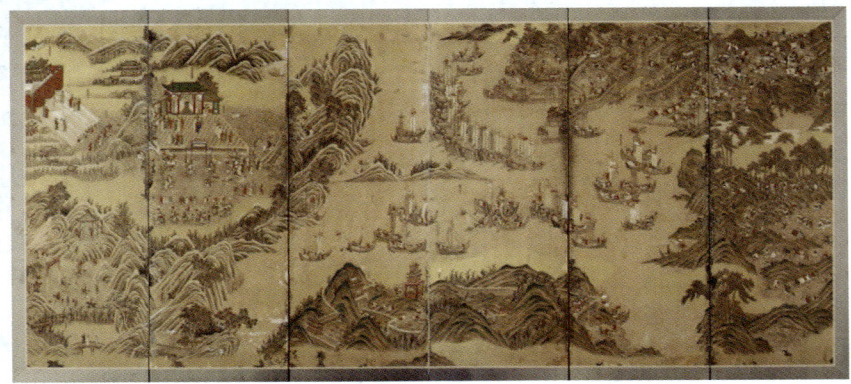

임진왜란의 마지막 전투를 담은 〈정왜기공도병〉

〈정왜기공도병〉은 명나라의 시각으로 임진왜란의 모습을 그린 병풍 그림이야. 임진왜란의 세 장면을 기록했는데, 오른쪽은 순천 왜성 전투, 중앙은 노량 해전, 왼쪽은 명나라 군대와 조선 조정이 명나라 황제에게 승전을 보고하는 장면이야.

노량 해전에서 조선 수군의 이동로와 고니시의 퇴각로

사천 왜성과 부산 등지에 있던 일본군은 고니시를 구하기 위해 순천으로 이동했어. 이 정보를 입수한 이순신은 150여 척의 조명 연합 함대를 이끌고 순천으로 출항했지. 그러고는 근처에서 매복하고 있다가 일본 함대가 노량으로 온다는 정보에 뱃머리를 돌렸어. 임진왜란 최대 격전이 시작되고 있었지.

고니시 유키나가는 누구일까?

도요토미 히데요시의 부하이자 영주인 고니시는 처음에는 도요토미의 조선 침략 계획을 만류하기도 했지만 일본군 중 가장 먼저 부산에 상륙하며 임진왜란의 시작을 알린 인물이야. 그 뒤에도 앙숙이었던 가토보다 한 발 먼저 한양에 입성했지. 평양성 전투에서 패하고 강화 협상을 벌일 때는, 전쟁을 끝낼 요량으로 도요토미를 속이는 바람에 죽을 위기에 처하기도 했어. 가까스로 목숨을 구한 고니시는 정유재란 때 다시 부산에 상륙해 북상하던 중 조명 연합군의 압박으로 후퇴하여 약 1년 간 순천 왜성에 머물렀어. 그러다 도요토미가 죽었다는 소식을 듣고 일본으로 돌아갔지.

임진왜란의 최대 격전이 벌어지다

새벽 어둠을 뚫고 우리의 포탄이 일본 함선을 향해 날아갔어. 나는 남아 있는 화약 무기를 이번 해전에 모두 쏟아부을 생각이었단다. 지난 7년 중 양군 모두 가장 큰 병력을 투입한 전투이기도 했지만, 적들과의 마지막 싸움이 될 거라는 예감이 들었기 때문이었지.

대포 발사를 신호로 살아 돌아가려는 일본군과 살려 보내지 않겠다는 우리군의 물러설 수 없는 싸움이 시작되었어. 우리 군과 일본군을 분간하기도 힘든 동 트기 전 새벽녘이어서 대혼전이 펼쳐졌지. 나는 판옥선 누각에 올라 쉴 새 없이 북을 두드렸어. 그 소리는 나, 이순신이 살아 있다는 것을 알리는 신호이자, 우리 병사들에게 물러서지 말고 싸우라는 독려였단다.

먼 동쪽 바다에서 붉은 해가 떠오를 무렵, 일본군 대장 시마즈 요시히로의 함대가 진린 제독이 승선한 판옥선으로 빠르게 접근하는 게 보였어. 그러자 주위에 있던 조명 연합군이 합세해 반격에 나섰지. 시마즈의 함대가 후퇴하자 또 다른 일본 함선들이 다시 한 번 진린 제독의 함선을 에워쌌어. 명나라 해군 사령관을 잃을 위기였지. 나는 삼도 수군통제사 깃발을 펄럭이며 진린 제독 쪽으로 함선을 몰며 외쳤어.

"진린 제독을 구하라!"

그 순간, 일본군이 쏜 총탄 수백 발이 날아오더구나. 방패 사이를 비집고 날아든 총탄에 가슴을 맞고 쓰러진 나는 옆에서 어쩔 줄 모르는 아들 회에게 숨을 몰아쉬며 말했단다.

"싸움이 급하니 나의 죽음을 알리지 말라!"

이순신 장군의 마지막 말

노량 해전에서 싸움을 독려하던 이순신은 날아든 총탄에 맞아 쓰러진 뒤 자신의 죽음을 알리지 말라는 유언을 남겼어. 이 말은 아군과 적군 모두에게 한 말일 거야. 만약 자신이 죽었다는 것을 알면 아군은 동요하며 당황할 것이고, 적군이 알면 대대적인 공세를 펴 전세가 역전될지도 모른다고 판단했기 때문이지. 전투에서 지휘관이 죽으면 군대 전체가 급격히 무너질 수 있어. 하지만 이순신의 유언을 잘 지킨 아들과 부하들 덕분에 조선 수군은 노량 해전에서 일본군을 크게 물리쳤어.

이순신이 자살했다는 이야기는 사실일까?

"이순신은 전쟁 중에 갑옷을 벗고 스스로 탄환에 맞아 전사했다." 임진왜란이 끝난 지 123년 뒤, 의병장 김덕령의 행적을 기록한 《김충장공유사》에 나오는 말이야. 과연 이 말은 사실일까? 그렇지 않단다. 김덕령은 전라도 광주에서 일본군과 싸운 의병장으로, 전쟁 중 이몽학의 난에 연루돼 억울하게 죽임을 당했어. 《김충장공유사》를 쓴 지은이는 김덕령이 큰 공을 세우고도 억울하게 죽자, 선조의 미움을 받던 이순신도 그렇게 될까 염려해 스스로 총탄에 맞아 죽었다고 기록을 남긴 거야.

이순신의 23전 23승 불패 신화

이순신은 1592년 5월 옥포 해전을 시작으로 1598년 11월 노량 해전까지 23번의 크고 작은 전투에서 모두 승리하는 기록을 남겼어. 세계 해전 역사상 전례가 없는 일이지. 어떻게 이런 일이 가능했을까? 이순신은 정확하게 적의 동태를 파악하기 전까지 절대로 섣불리 군사를 움직이지 않았어. 또한 판옥선의 장점을 최대한 활용하여 먼 거리에서 함포 사격 위주의 작전을 펼쳤어. 덕분에 조선군의 주력 함선인 판옥선을 단 한 척도 잃지 않았지. 지형과 아군의 형세를 정확히 파악해 전투에 임한 것도 승리의 주요한 이유였어. 마지막으로, 싸움에 임하는 부하들을 독려하며 자발성을 이끌어낸 점도 비결이라고 할 수 있어.

노량 해전 승리, 7년 전쟁의 마침표를 찍다

"장군! 장군!"

이순신 장군은 그렇게 눈을 감았어. 부하들이 애타게 불렀지만 장군의 목소리는 더 이상 들려오지 않았지.

이제 장군이 못 다한 이야기를 해야 할 시간이야. 그날 노량 해전은 어떻게 끝이 났을까? 아들 회와 조카 완은 장군의 유언에 따라 눈물을 훔치며 다시 일어났어. 회는 아버지가 치던 북채를 잡았지. 둥둥둥―. 잠시 멈췄던 북소리가 지휘선에서 다시 울려 퍼졌어. 조명 연합군은 마지막 힘을 다해 필사적으로 일본 함선을 공격했지. 마침내 일본 수군은 500여 척 가운데 겨우 살아남은 100여 척을 이끌고서 퇴각하기 시작했어. 순천에서 탈출 기회를 엿보던 고니시 유키나가도 혼전을 틈타 먼 바다를 돌아 부산으로 빠져나간 뒤 일본으로 철수했지.

일본 함대에 포위되었다가 조선 수군의 도움으로 겨우 빠져나온 명나라 제독 진린은 이순신 장군이 타고 있던 지휘선으로 급하게 다가왔어.

"이 통제사, 내가 살아왔소! 어서 나오시오!"

이순신 장군이 전사했다는 말을 들은 진린은 세 번이나 넘어지고 뒹굴며 통곡했지.

노량 해전은 이순신 장군이 치른 마지막 해전이자 마지막으로 승리한 전투였고, 그 승리의 주인공을 잃은 안타까운 싸움이었단다. 그렇게 조선과 일본의 길고 긴 7년 전쟁이 모두 끝이 났어.

선무일등 공신 이순신

임진왜란이 끝난 뒤 선조는 전쟁에서 큰 공을 세운 사람들에게 상을 내렸어. 전장에서 싸운 장수는 선무공신, 자신의 몽진 길을 호위한 신하들은 호성공신에 봉했지. 선무공신 1등에는 이순신, 권율, 원균 등 세 명이 올랐어. 신하들이 원균을 1등에 올리는 데 반대했지만, 선조는 기어이 원균을 1등에 올렸어. 선무공신은 2등, 3등을 포함해 모두 18명. 이 가운데 스스로 전쟁에 나서서 싸운 의병은 단 한 사람도 없었어. 반면에 자신을 호위했던 호성공신으로는 86명이나 올렸어. 선조는 "이번 왜란에서 승리한 것은 오로지 명나라 군대의 힘이었다. 우리 장수들은 제 힘으로 적군의 목을 베거나 적진을 함락하지 못하였다. 그중 이순신과 원균은 조금 나은 편이다. 그리고 명나라 군대가 오게 된 건 여러 신하들이 나를 의주까지 가게 하여 명나라에 구원을 요청할 수 있었기 때문이다."고 말했다고 해. 결국 선조는 가장 큰 공을 명나라군을 불러온 자기 자신에게 돌린 셈이야.

이순신과 장군들

이순신의 오른팔 송희립
임진왜란 처음부터 끝까지 이순신 곁을 지킨 참모야. 정운이 이순신의 왼팔이라면 송희립은 오른팔이라고 할 수 있지. 송희립은 노량 해전에서 이순신이 적탄에 맞아 쓰러지자 장군을 대신해 싸움을 지휘했어. 전쟁이 끝난 뒤에는 이순신이 처음 수군 지휘관에 임명되었던 전라좌수사 자리에 임명됐지.

백전노장 팔순 참모장 정걸
정걸은 경상도 전라도 수군절도사를 역임한 노련한 수군 장수로, 임진왜란이 일어나던 해 이미 나이가 78세였어. 정걸은 자문 역할을 하는 조방장으로 이순신을 도왔지. 실전 경험이 풍부했던 정걸은 한산 해전에도 참가했는데, 총탄에 맞아 부상을 당했고 결국 전쟁이 끝나기 1년 전 세상을 떠났지. 이순신이 판옥선에 함포를 장착하고 무기를 운용하는 데 많은 도움을 주었어.

이순신의 왼팔 정운
이순신의 마음을 가장 잘 헤아린 수군 장수야. 이순신보다 두 살 많고, 군 경력으로도 선배지만 서로 신뢰하는 사이였어. 이순신의 첫 해전인 옥포 해전에서는 선봉에 나서 큰 전과를 올렸지. 한산 해전에서도 큰 활약을 펼친 정운은 일본군의 근거지인 부산포를 공격하다가 적탄에 맞아 전사했어. 정운의 죽음에 이순신은 크게 슬퍼했다고 해.

거북선 건조 책임자 나대용
임진왜란이 일어나자 나대용은 여러 자료를 참고하여 연구하던 거북선 설계도를 가지고 이순신을 찾아갔어. 이순신은 나대용의 건의에 따라 판옥선을 거북선으로 개조했고, 임진왜란이 일어나기 하루 전 총통 발사 실험을 마쳤지. 나대용은 자신의 설계대로 개조한 거북선을 선보인 사천 해전에서 총탄에 맞아 부상을 당했고, 전쟁이 끝난 뒤 세상을 떠났어.

주요 해전도

이순신이 치른 주요 해전

사천 해전
1592년 5월 29일, 최초로 거북선을 몰고 나가 일본 수군을 무찌른 해전이야. 이 싸움에서 이순신 함대는 일본 함선 13척을 부수는 성과를 올렸지. 이순신은 어깨에 총을 맞아 부상을 입고도 활을 들고 싸웠어.

당포 해전
1592년 6월 1일부터 이틀간 당포에서 일본 함선을 격파한 해전이야. 동쪽으로 이동하던 이순신 함대는 일본 함대가 당포에 정박해 있다는 정보를 입수하고 출전해 일본 함선 21척을 격파했어. 훗날 명량 해전 때 일본군 선봉장으로 출전한 구루시마 미치후사의 형 구루시마 미치유키가 이 싸움에서 전사했지.

부산포 해전
1592년 9월 1일, 적의 심장부인 부산포로 출전해 일본 함대를 크게 격파한 해전이야. 조선 함대가 몰려오자 일본군은 산 위로 올라가 조총을 쏘며 저항했지. 이순신 함대는 부산포에 정박해 있는 일본 함선 470여 척 중 130여 척을 격파했어.

옥포 해전
1592년 5월 7일, 이순신 함대가 일본 수군과 처음으로 치른 해전이야. 이순신 함대는 판옥선 24척을 비롯해 총 85척의 함선으로 일본 함선 26척을 격파했어. 옥포 해전은 조선 수군 최초의 승리라는 데 의의가 있어.

7년 동안의 전쟁과 그 후

　조선 수군의 눈부신 활약, 의병들의 봉기, 수준 높은 화약 무기 등은 임진왜란을 승리로 이끌었지만 전쟁이 끝난 자리에 남은 건 상처뿐이었어. 전쟁이 길어지면서 전라도 일부를 제외한 전 국토가 황폐해졌고, 많은 문화재가 손실되었으며, 많은 사람들이 죽고, 굶주림과 전염병이 돌았거든. 일본에 강제로 끌려간 사람들도 많았지. 이로 인한 경제적 손실이 아주 컸단다.

　전쟁의 총책임자였던 선조는 전쟁이 끝나고 10년을 더 왕위에 머물다 세상을 떠났어. 뒤를 이어 임진왜란 때 군사를 모으고 백성들을 위로하던 광해군이 왕이 되었지.

　우리가 임진왜란으로 약해진 국력을 가다듬고 있을 즈음, 압록강 건너 만주에서는 여진족이 후금을 세웠어. 반대로 조선 파병으로 크게 약해진 명나라는 만리장성 너머에서 호시탐탐 대륙을 노리는 후금에 대항하기 위해 조선에 파병을 요청했지. 광해군은 명나라를 지는 해로, 후금을 떠오르는 해로 여기며 그 사이에서 중립 외교를 펼쳤어. 그러자 서인 세력은 광해군이 명나라와의 의리를 저버렸다며 인조반정을 일으켰지. 인조반정으로 광해군이 유배를 가고, 이것을 빌미로 후금이 조선을 침입하며 정묘호란이 일어났어. 그리고 10년 뒤, 나라 이름을 청으로 바꾼 후금은 다시 얼어붙은 압록강을 건너 조선으로 쳐들어와 병자호란을 일으켰어. 조선은 임진왜란이 끝난 지 겨우 30여 년 만에 다시 큰 전란에 휩싸이고 말았단다.

임진왜란, 싸움은 하나인데 이름은 서너 개!

임진왜란은 우리나라, 일본, 중국이 관련된 길고도 큰 전쟁이었어. 이를 두고 세 나라가 부르는 이름도 모두 달라. 우리는 임진년에 일본이 일으킨 난리라는 뜻에서 '임진왜란'으로 불러. 일본에서는 도요토미 히데요시의 조선 정벌로 부르다가 일제 강점기부터 '문록경장의 역'으로 부르고 있어. 문록경장이란 임진왜란 당시 일본 왕의 연호이고, 역은 정벌이라는 뜻이야. 중국은 '항왜원조'라는 표현을 써. 또한 당시 명나라 황제였던 만력제의 호를 따 '만력 조선 전쟁'이라고도 부르지. 한편 북한은 '임진 조국 전쟁'이라고 불러. 그 밖에도 조선과 일본이 벌인 전쟁이란 의미로 '조일전쟁', 7년 간 치렀다 하여 '7년 전쟁', 일본이 수많은 도자기를 약탈하고, 조선 도공들을 끌고 간 까닭에 '도자기 전쟁'이라고도 불린단다.

이순신 장군을 만나러 가자!

이순신 장군과 함께 임진왜란의 주요 해전을 살펴보니 쩌렁쩌렁 남해 바다를 호령하던 장군의 발자취를 따라서 떠나고 싶지? 먼저 한산 해전이 치열하게 벌어졌던 곳인 한산도에 가면 대표적인 유적인 제승당과 한산루를 만날 수 있어. 이번에는 이순신 장군 해전의 최후를 장식한 노량 해전 유적지로 가 볼까? 노량은 남해군과 하동 사이에 있는 해협이야. 남해 관음포 앞바다에도 이순신 장군의 유적지가 있어. 이 유적들을 돌아보면 장군의 호쾌한 숨결을 느낄 수 있단다.

이순신 영상관
이순신 장군의 최후를 3D 입체 영상으로 만나 볼 수 있는 곳이야. 거북선 모양의 영상관에서 이순신 장군의 삶과 임진왜란 7년의 역사, 거북선 이야기 등 다양한 것들을 보고 듣고 체험할 수 있어. 노량 해전을 다룬 〈마지막 바다, 노량〉도 놓치지 말고 관람해 봐.

이락사
노량 해전이 끝난 뒤 장군의 시신을 육지로 옮긴 곳이 관음포야. 이락사는 관음포가 보이는 연안에 세워진 이순신 장군의 사당이란다. 이순신 장군이 전사한 지 234년 뒤인 1832년(순조 32년) 장군의 8대손 이항권이 통제사를 지내던 시절에 제단을 설치하고 비와 비각을 만들어 이락사를 세웠어.

관음포 앞바다
이순신 장군이 노량 해전에서 일본군과 싸우다 전사한 곳이야. 이순신 장군의 목이 떨어진 바다라는 뜻에서 이락파라고도 불려. 이순신 장군의 유해를 처음 뭍으로 올린 뜻깊은 곳이기에 예전에는 관음포 이충무공 전몰유허라고 불렀어.

명량 해전의 현장

진도

해남

고흥

여

노량 해전의 현장

울돌목
명량 해전의 현장이야. 명량은 해남과 진도 사이에 있는 좁고 긴 바닷길로, 물살이 세기로 유명한 곳이지. 지금은 해남과 진도를 잇는 진도대교가 놓여 있어. 해마다 9월 말에서 10월 초 사이에 진도대교 아래에서 명량 해전 승리를 기념하는 기념 축제가 열리는데, 조선 수군 출정식과 명량 해전 승리를 생생하게 체험할 수 있지. 또 이곳에 있는 '명량대첩 허전사 기념전시관'도 꼭 방문해 보렴.